QUESTIONS

D'ÉCONOMIE POLITIQUE.

QUESTIONS

D'ÉCONOMIE POLITIQUE.

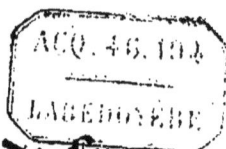

LETTRES

SUR

l'Indemnité due à la ville de Lyon,

PAR SUITE

DES ÉVÉNEMENS D'AVRIL 1834.

LETTRES

SUR L'ÉMANCIPATION INDUSTRIELLE.

Par M. Louis Bonnardet,

Auteur de plusieurs écrits politiques.

LYON.

IMPRIMERIE DE GABRIEL ROSSARY,

Rue Saint-Dominique, N. I.

1834.

QUESTIONS

D'ÉCONOMIE POLITIQUE.

LETTRES

sur l'Indemnité due à la ville de Lyon,

PAR SUITE

DES ÉVÉNEMENS D'AVRIL 1834.

Lyon , le 5 mai 1834.

Le ministère vient de présenter aux chambres un projet de loi relatif aux désastres matériels de nos déplorables journées; il me paraît de la plus haute importance pour notre ville, d'appeler l'attention publique sur la direction dangereuse imprimée à cette affaire; direction qni ne tend à rien moins qu'à convertir les droits les plus sacrés et les plus absolus, en titres plus ou moins précaires à la commisération et à la bienveillance de l'état.

Le ministère reconnaît, dans l'exposé des motifs inséré au *Moniteur* du 1.er de ce mois, qu'il ne s'agissait pas à Lyon d'une question locale, mais bien uniquement de l'intérêt général, lequel a seul profité du succès obtenu au préjudice de notre malheureuse ville ; car, ainsi qu'il le dit lui-même, la querelle n'existait pas entre les ouvriers et les fabricans, mais bien entre la république et la monarchie, puisque les ouvriers en soie figuraient à peine pour un huitième dans les rangs des insurgés.

Le ministère convient encore que les particuliers lésés sont, en général, des propriétaires qui louent et n'habitent pas leurs maisons, et ne peuvent encourir le reproche de n'avoir pas su défendre leur domicile, et de s'être ainsi manqué à eux-mêmes.

Enfin, le ministère avoue que la garde nationale de Lyon ayant été dissoute et désarmée, et que les citoyens ayant été consignés chez eux par la force militaire, la ville n'a pu s'opposer à l'insurrection ; qu'ainsi la population ne *saurait être accusée et punie des conséquences d'une force majeure incontestable.*

Mais si le droit des particuliers est certain, si d'un autre côté la ville ne peut être *accusée et punie* d'une inaction que l'état reconnaît être de son fait, c'est donc à l'état de payer ! et si cette conséquence est celle qui découle nécessairement des aveux du ministère, comment se fait-il qu'il la traduise en une espèce de loi de *tiers consolidé!* Car les 1,200,000 fr. demandés pour nous, au pouvoir législatif, forment à peu près, suivant le ministère, le tiers de la somme due. Il est vrai que le ministère nous annonce *qu'il espère que la commune, le département et la munificence des particuliers feront le reste.*

On doit s'étonner d'une semblable confusion d'idées, de la part d'un homme tel que M. Guizot dont personne ne conteste la haute capacité et l'honorable caractère; tout porte à croire qu'il ne connaissait que fort imparfaitement cette malheureuse affaire qui n'est pas dans ses attributions et qu'il n'a traitée qu'incidemment et à cause de l'indisposition de son collègue de l'intérieur. Au reste, la discussion me paraît avoir été jusqu'à présent mal engagée, c'est pourquoi je vais essayer de la replacer sur son véritable terrain.

Les pertes éprouvées à Lyon doivent être rangées en deux catégories bien distinctes. L'une comprend les pertes qui ont pour cause les objets pris ou détruits par les insurgés; l'autre se compose de celles qui viennent du fait immédiat des troupes de la garnison : les premières, heureusement fort minimes, sont régies par la loi du 10 vendémiaire an IV; les secondes par le droit public, par l'art. 10 de la charte constitutionnelle.

Ceux donc qui auraient été spoliés par l'insurrection doivent, en vertu de la loi de vendémiaire, s'adresser à la ville leur débiteur légal, laquelle se fera garantir par l'état, pour les motifs que j'ai rappelés et qui échappent à toute controverse, puisqu'ils sont reconnus par le ministère lui-même qui les a consignés dans son exposé des motifs.

Ceux dont les maisons ont été démolies ou brûlées par suite des mesures que la garnison s'est vue dans la triste nécessité de prendre, doivent s'adresser à l'état qui les a dépossédés dans l'intérêt public. Que ce soit pour s'opposer à l'insurrection, pour sauver l'ordre social en péril, cela importe peu ; ces motifs sont excellens sans doute pour légitimer la violation de la propriété privée, déclarée inviolable par l'art. 9 de la charte constitutionnelle, mais ils ne peuvent, à coup sûr, être invoqués pour dispenser l'état de l'obligation de payer, car l'art. 10 de cette même charte dit que l'état ne peut exiger le sacrifice d'une propriété privée, pour cause d'intérêt public, qu'à charge d'une juste indemnité ; et la charte ne le dirait pas, que le droit naturel, le bon sens, l'équité le diraient assez haut pour être écoutés et obéis.

Le ministère semble retenu par la crainte de créer de fâcheux précédens, et de sortir de la loi de vendémiaire ; cette crainte n'est pas fondée, ce n'est pas violer une loi, que de ne pas l'appliquer lorsqu'elle n'est pas applicable ; on a souvent dit

que l'exception fortifie la règle, et c'est ici le cas;
le ministère pourrait même profiter de cette occasion pour raviver cette loi vieillie, s'il la croit utile
au pays, ce que, pour mon compte, je ne pense pas,
car ce qui n'est pas juste est rarement utile. Il
n'aurait qu'à la rappeler dans son projet de loi et
dire qu'il n'y est pas dérogé.

Ainsi, et pour me résumer, je dis qu'il faut
s'adresser à l'état, pour les dégâts faits par les
troupes; à la ville pour les dégâts faits par les
insurgés; j'ajoute que la ville doit, à ce sujet, exercer
son recours contre l'état, attendu les circonstances
de force majeure reconnues par lui.

J'engage notre municipalité ainsi que les récla-
mans à ne rien faire d'où l'on puisse inférer quelque renonciation à nos droits, et l'acceptation du
secours qu'on veut nous offrir. Reposons-nous
sur notre bon droit et faisons appel au gouvernement mieux éclairé, d'une décision prise par lui
en l'absence, sans doute, de documens suffisans.
Dans tous les cas nous aurons notre recours dans
la magistrature qui fera bien rendre justice à
chacun, si nous sommes forcés de recourir à elle.

Telle est, à mon sens, la procédure à suivre selon la raison; quant à la procédure selon la loi,
notre riche et digne barreau saura la diriger,
si elle devient nécessaire, avec son habileté et sa
puissance ordinaires.

Lyon, le 17 mai 1834.

Le rapport fait par M. Amilhau, sur le projet de loi relatif à l'indemnité lyonnaise, m'a suggeré quelques réflexions, suite naturelle de celles qui sont contenues dans ma lettre du 6 de ce mois.

Je dépouillerai ce rapport de l'enveloppe brillante dont a su le parer le talent de son auteur, je le déshabillerai, je le mettrai à nu, afin que chacun puisse y lire plus aisément ce qui y est, c'est-à-dire le déni le plus complet de la plus évidente justice, déguisé sous des éloges prodigués avec une politesse qu'on peut appeler, à bon droit, de *l'eau bénite de chambre.* Ce n'est pas que M. Amilhau ne parle en passant de *nos torts*, et, à ce propos, je voudrais bien qu'on prît la peine de s'expliquer nettement à ce sujet, et de nous faire connaître en quoi consiste ce qu'on nomme *nos torts;* nous pourrions alors répondre et désabuser facilement, peut-être, M. Amilhau et tous autres qui partageraient son opinion.

Cet honorable rapporteur fait, des malheurs de notre ville, un tableau déchirant, et il pense que l'état ne doit rien faire pour elle; s'il propose d'accorder un secours, c'est uniquement en vue des malheureux errant sans pain et sans asile à l'entour de leurs demeures incendiées, mais il a bien soin d'ajouter : « Ce n'est pas à la commune que nous entendons apporter nos secours, quelqu'obérée qu'elle soit, nous ne pouvons rien pour elle. »

Il reconnaît que le mal est plus considérable que le ministère ne l'a dit, et il propose de réduire l'allocation.

Il avoue qu'il s'agissait uniquement à Lyon d'une question gouvernementale, étrangère ainsi à celles qui retombent sous la vindicte de la loi du 10 vendémiaire an IV, et il veut que Lyon soit soumis au régime de cette loi, dussent, dit-il, les condamnations qui interviendraient, dépasser les ressources de son budjet.

Il proclame l'impossibilité où l'état a mis la ville d'agir, et il veut que la ville soit rançonnée pour n'avoir pas agi.

Il dit que l'intérêt de Lyon se lie intimement à l'intérêt général du pays, et il veut que le pays reste froid spectateur de la détresse d'une ville sacrifiée par lui, en son nom et à son profit !

Il reconnaît que les dévastations ont été faites par ordre du gouvernement et dans l'intérêt de l'état ; il va même jusqu'à déclarer que rien, jusqu'à présent, ne prouve qu'elles fussent nécessaires, et il veut que la ville supporte les pertes qui en résultent ! A l'état le profit, à la ville les charges; à l'état de casser les vitres, à la ville de les payer! Il y a pourtant un proverbe qui veut le contraire.

Il avoue qu'en cas semblables , à Paris par exemple, l'état s'est chargé de supporter les pertes de ce genre, et ce précédent l'amène à conclure que l'état ne doit pas se charger de celles éprouvées à Lyon!

« Deux fois, à 40 ans d'intervalle, Lyon, dit M. Amilhau, est devenu la place d'armes des partis, et deux fois en 40 ans, le vainqueur s'est assis sur des ruines. »

C'est vrai : une fois le général Dubois de Crancé pour la république contre le roi, et une fois le général Aymar pour le roi contre la république : que signifie ce rapprochement, cela voudrait-il dire que nous devons être traités par le roi que nous n'avons certes pas combattu, comme nos pères l'ont été, en 93 par la république de sanglante mémoire, qu'ils voulaient renverser ! On était alors sous le régime de la guillotine et de la confiscation; mais à présent !.... et encore ce régime ne pesait que sur les ennemis des hommes de cette époque, et nous ne sommes pas, que nous sachions du moins, les ennemis du gouvernement; je ne pense pas que les bandes insurgées qui ont amené la dévastation de notre ville aient pu passer aux yeux du ministère, pour la population lyonnaise.

Il faut que nous sachions à quoi nous en tenir ; il ne dépend de personne de refuser les conséquences des principes qu'on avoue ; nous ne demandons pas autre chose du gouvernement, est-ce trop !

Les pertes éprouvées à Lyon doivent-elles être payées?

Si oui, qui doit les payer ?

Quand on m'aura dit que la charte est abolie, que le droit de propriété est anéanti, je discuterai alors la première question : jusque-là toute discussion sur ce point serait une insulte au gouvernement et à la raison publique. Je ne vois rien, au surplus, dans tout ce qui a été dit par les organes du pouvoir, qui ressemble à un doute à cet égard, ce n'est donc pas là la question.

Mais si les pertes doivent être payées, par qui doivent-elles l'être ?

Par la ville, si elles rentrent dans la catégorie de celles prévues par la loi de vendémiaire, et si la ville s'est trouvée dans un cas qui permette d'invoquer cette loi contre elle ; dans le cas contraire, c'est l'état qui doit payer.

Les pertes qu'il s'agit de réparer sont-elles du nombre de celles que la loi de vendémiaire met à la charge des communes?

Non, car cette loi ne parle que des pertes provenant des dégâts faits par les révoltés, et il s'agit ici de pertes qui sont du fait immédiat des troupes; ainsi l'a jugé récemment le tribunal civil de la Seine. Le texte de cette loi est formel, et le texte d'une loi c'est la loi; on ne saurait lui donner une élasticité que ne doivent jamais avoir les lois, les lois pénales surtout : *odiosa restringenda*.

Il y a plus : la loi de vendémiaire, même en ce qui concerne les dégâts de l'insurrection, ne peut s'appliquer *aux cas de force majeure*, ainsi l'a jugé un arrêt de la cour de cassation. Et d'ailleurs, est-il besoin d'un arrêt pour établir qu'à l'impossible nul n'est tenu ! Or la force majeure est incontestable, elle a été proclamée en termes formels dans l'exposé des motifs, elle vient de l'être en termes non moins forts par l'honorable rapporteur de la commission.

« Lyon, dit-il, est dans une situation tout
« exceptionnelle : dans cette dernière bataille que
« les factions ont voulu livrer au gouvernement
« du pays, c'est sans son aveu, sans son concours,
« qu'on l'a choisi pour être le théâtre de ces san-
« glans débats. Désarmée, sans garde nationale en
« activité de service, sans magistrats municipaux
« (leurs pouvoirs avaient été, dès le premier mo-
« ment, suspendus par l'autorité supérieure), que
« pouvait cette ville infortunée pour repousser et
« détruire la rébellion ? que pouvaient de simples
« citoyens, lorsqu'une résolution militaire leur
« défendait de sortir de leurs demeures pour sub-
« venir aux premiers besoins de la vie, et qu'ils

« étaient exposés à périr, ou par les explosions
« destinées aux rebelles, ou par l'incendie destiné
« à les réduire. »

Et c'est cette ville qu'on voudrait rendre responsable de l'inaction à laquelle on avoue qu'on
l'a condamnée! mais c'est le comble de la dérai-
son! quel nom peut-on donner à une doctrine qui
peut se traduire en ces termes :

« Rompez vos rangs, et faites tête à la révolte;

« Rendez vos armes, et battez-vous;

« Restez dans vos maisons, et poursuivez l'é-
meute ;

« Si vous sortez vous êtes morts; si vous ne sortez pas, vous payerez les frais de la guerre! »

Voilà pourtant toute la logique de l'exposé des
motifs et du rapport; si l'on en doute, qu'on lise
le *Moniteur!* Et ce sont des hommes habiles qui
tiennent ce langage; cela prouve que hors le vrai, le
talent n'est rien; le grain ne germe pas sur la pierre,
le levier le plus fort ne peut rien sans point d'appui,
et le point d'appui, en morale, c'est le vrai.

Je conclus : les pertes éprouvées doivent être
payées, ce point est établi, il n'est pas combattu.
Elles ne doivent pas être payées par la ville; je l'ai
démontré. Il faut donc que l'état les paye. Point
de secours, mais une juste indemnité; ce n'est
pas faveur, mais justice que la ville réclame. Cette
justice, le gouvernement nous la rendra-t-il, ou
nous réduira-t-il à la nécessité de la demander aux

tribunaux ! Ce serait une grande imprudence; pour un gouvernement, payer comme contraint, c'est presque payer deux fois ; mais il n'en sera pas ainsi, j'en ai pour garant un mot prononcé par M. Thiers, dans son habile discours sur les crédits supplémentaires : « Si Lyon, dit-il, a éprouvé des pertes, la patrie n'est-elle pas là pour les réparer. » On ne saurait mieux dire, et cette fois nous sommes d'accord.

Lyon, le 20 mai 1854.

La chambre vient de rejeter le secours
proposé par le ministère, et si ce n'étaient les
besoins urgens d'une foule de malheureux incendiés, j'en féliciterais la ville. La question avait
été trop mal posée pour amener un résultat utile;
on demandait à la chambre une aumône pour
Lyon, elle lui a jeté une insulte, cela devait arriver.
Ce n'est pas ainsi que devait procéder le ministère:
on ne gagne rien à transiger avec les principes, il
vient d'en faire l'expérience. Il devait déclarer
péremptoirement, nettement, qu'il avait, lui ministère, placé Lyon dans l'impossibilité matérielle
de prévenir et de comprimer la révolte; qu'il le
proclamait hautement, parce que c'était la vérité;
que cette mesure avait été prise sous sa respon-
sabilité personnelle; que si cette mesure était digne
de blâme, ce blâme et ses conséquences devaient
retomber sur lui et non sur la ville qui en était
innocente; qu'on ne pouvait dès-lors rendre Lyon
responsable de faits qu'on ne lui a pas permis
d'empêcher, et que la loi de vendémiaire, applicable aux communes libres d'agir, ne pouvait être
invoquée contre une ville que l'état avait privée
de ses moyens d'action; qu'en agir ainsi ce n'était
pas violer la loi de vendémiaire; que ce serait en

2

faisant le contraire qu'on la violerait; car n'est-ce pas violer une loi que de l'appliquer quand elle n'est pas applicable?

Si le ministère eût ainsi, et comme il le devait, mis franchement la ville hors de cause, et reconnu de cette manière que l'état devait non pas un secours, mais bien une juste indemnité, qu'aurait pu dire la chambre? que les citoyens pillés, brûlés, ruinés, l'avaient été à bon droit; que les innocens devaient payer pour les coupables, et que l'état pouvait contre les Français, contre ses partisans, ses amis, ce que le droit des gens ne permet pas aux étrangers, aux Russes, aux Cosaques! On sait, en effet, qu'il est contre le droit des gens de s'emparer des propriétés privées et de traiter en ennemis, les citoyens paisibles. Il n'est rien dans le droit naturel, rien dans le droit public, rien dans le droit politique qui autorise la spoliation et la ruine d'un seul au profit de tous. C'est cependant ce que veut M. Ganneron; son discours est un acte d'accusation contre notre ville; l'invective et l'injure y sont prodiguées; il soutient que si Lyon ne s'est pas défendu, c'est qu'il a manqué d'énergie et de résolution. L'autorité militaire se croira, nous le pensons, dans l'obligation, vis-à-vis de la ville, de donner un démenti public à M. Ganneron et de déclarer qu'il n'a, en aucune façon, dépendu des citoyens d'obtenir des armes. L'honneur de la ville y est engagé, car il y a honte et lâcheté à ne pas se défendre quand on peut le faire. On dira à M. Ganneron que l'insurrection a éclaté dans la ville avec la rapidité d'un courant électrique; que la fusillade a commencé presque en même temps sur tous les points; qu'une foule de citoyens se sont trouvés subitement cernés et obligés de se réfugier dans les cafés, dans les restaurans, chez les particuliers où ils ont été séquestrés pendant toute la durée de l'insurrection, sans pouvoir donner de leurs nouvelles à leurs familles. Or voyez comme dans cette situation inouïe, unique dans l'histoire, il était possible aux citoyens de se réunir, de se concerter, d'aller demander des armes! Puis à qui en aurait-on donné? aux bons citoyens; comment les connaître? à la physionomie, à l'habit? C'est avoir une bien faible idée de la prudence et de l'habileté du général qui commandait à Lyon, que de le supposer capable de prendre une mesure qui pouvait fournir des armes à l'insurrection.

Mais puisque vous étiez séquestrés dans vos maisons, dit M. Ganneron, vous deviez au moins en défendre l'entrée.... en défendre l'entrée à qui? aux bombes, aux boulets?.... Vous ne savez donc pas qu'on arrive sur une maison par les toits des maisons voisines? Vous ne savez donc pas qu'un seul coup de fusil tiré d'une maison attirait sur elle la vindicte militaire, et que ce coup pouvait être tiré par un locataire auquel on n'avait pas pu interdire son domicile, dans l'ignorance de son intention? Vous ne savez donc pas qu'une maison pouvait être assaillie par une bande nombreuse, armée, et que toute résistance devenait impossible? Vous ne savez donc pas que des maisons ont été brûlées, non pour avoir tiré, mais uniquement parce qu'elles étaient voisines des maisons incendiées par la bombe? Vous ne savez donc pas qu'une bombe peut s'égarer dans sa route et brûler une maison pour une autre?.... Or, dites, M. Ganneron, comment il était possible aux propriétaires, aux citoyens, d'empêcher toutes ces choses-là? Et s'ils ne le pouvaient pas, comment n'avez-vous pas craint d'affirmer qu'ils le pouvaient? Un homme grave, un député, devrait-il disserter sur des événemens qu'il ne connaît pas, et jeter ainsi un poids dans la balance, lorsqu'il ne sait pas quel est le côté qui doit l'emporter! Il est facile de faire du courage à la tribune; on en faisait aussi à l'orangerie de St-Cloud; puis survinrent quelques baïonnettes, et tous les héros législateurs sautèrent par la fenêtre....... Est-on moins leste ou plus courageux au palais Bourbon? Espérons que nulle occasion ne se présentera de mettre M. Ganneron à une pareille épreuve. En attendant, qu'il jouisse de la satisfaction d'avoir insulté une ville malheureuse qui n'a encore donné à personne le droit de mettre en doute son courage et son patriotisme, et qui saura bien, malgré M. Ganneron, se faire rendre la justice à laquelle elle a droit.

Les tribunaux ne tarderont pas à être saisis de
la question et les citoyens qui ont subi des
pertes, croiront sans doute devoir s'entendre et
concerter leurs efforts pour arriver plus sûrement
au but.

Lyon , le 6 juin 1834.

Le *Journal du Commerce* avait promis de ré-
futer les doctrines contenues dans une lettre qu'il
a publiée, il y a peu de jours, au sujet de l'indemnité ; ce journal, paraissant avoir renoncé à
ce dessein, je vais essayer de remplir la tâche
qu'il s'était imposée. Son correspondant annonce
qu'il fait des vœux ardens pour que les victimes
d'avril gagnent leur procès ; mais il cherche à
prouver qu'elles doivent le perdre ; ses raisons,
les voici :

Les pertes éprouvées sont, dit-il, un événement de force majeure dont personne n'est responsable ; c'est la foudre qui a embrasé un édifice,
la grêle qui a ravagé un champ.

Mais si la force majeure peut, dans certains cas,
servir d'excuse à celui qui la subit, elle est, au
contraire, une charge contre celui qui l'exerce,
puisqu'à son égard cette force, qui est la sienne
propre, est subordonnée à sa volonté qui la régit.
Un *événement* de force majeure divine est un
malheur ; un *acte* de force majeure humaine, une
oppression ; c'est-à-dire l'action coupable ou non
de la force sur le droit. Si la grêle ravage un
champ, c'est un accident qui, ne pouvant être
imputé à personne, ne laisse d'action contre per-

sonne; si ce sont au contraire des hommes réunis
ou non en société, qui ravagent ce champ, fût-ce
pour le défendre contre l'ennemi commun, pour le
poursuivre, le propriétaire de ce champ aura le
droit d'exiger une juste réparation; car il y a nécessairement action contre celui qui a mis sa force à
la place du droit de quelqu'un; autrement force
serait droit. Il n'est pas plus permis à tous de
prendre ou de détruires sans la payer, la chose d'un
seul, qu'à un seul de prendre ou de détruire la
chose de tous. Les hommes se sont mis en société
pour avoir protection de chacun par tous; si cette
protection pouvait, dans un cas quelconque, se
convertir en oppresion, ils auraient à regretter
l'état sauvage où il ne peut rien arriver de pire que
ce qui est arrivé à nos trop malheureux compa-
triotes; car il ne faut pas oublier qu'à côté des
25 ou 30 propriétaires dont la fortune a été plus
ou moins compromise, il y a deux ou trois cents
familles pauvres qui ont perdu tout moyen d'existence; tout, jusqu'à leur lit, jusqu'à leurs vête-
mens, jusqu'à leurs métiers!

Mais si la société doit payer, en a-t-elle les
moyens? Le correspondant du *Journal du Commerce* ne le pense pas. Eh quoi! la France, après
vingt ans de guerre, a pu payer un arriéré qui
remontait au premier jour de ce siècle, plusieurs
millions aux étrangers, un milliard d'indemnité,
un budget annuel d'un milliard et demi, quatre

ou cinq millions par année aux réfugiés ; et elle
ne pourrait pas payer deux ou trois millions en
réparation des ruines faites à Lyon! Le peuple le
moins civilisé nourrit les prisonniers qu'il a faits
sur un ennemi armé pour le combattre, et la France
ne nourrirait pas douze ou quinze cents de ses enfans qui ne la combattaient pas et qu'elle a ruinés
dans l'intérêt de sa défense! Ce serait le comble
de l'ignominie ! La loi veut qu'une commune
paie les dégâts faits dans son sein par l'insurrection ; et une charge que la commune peu supporter, l'état serait impuissant à le faire ! Un fardeau
que la loi n'a pas trouvé trop pesant pour cent
mille individus, paraîtrait trop lourd à un pays qui
compte trente-deux millions d'habitans! Cela ressemble à une plaisanterie, et il est triste de
plaisanter sur de pareils sujets. Puis voyez la
conséquence : l'incendié par l'émeute est indem-
nisé par la commune, témoin les incendiés de
novembre auxquels la ville de Lyon a payé cinq
ou six cent mille fr. L'incendié de la garnison, au
contraire, ne doit être, suivant nos adversaires, payé par personne, d'où il suit que
les victimes d'avril seraient indemnisées si elles
avaient été assez heureuses pour que les insurgés
eussent bien voulu prendre la peine de les piller
et brûler eux-mêmes, tandis qu'elles ne le seront
pas, par cela seul que les insurgés se sont reposés
de ce soin sur les soldats; d'où il suit encore que la

société qui se croit tenue de payer les ruines faites pour la combattre, pense pouvoir se dispenser de réparer celles qu'elle fait elle-même pour sa défense. D'où il suit enfin qu'en pareil cas les citoyens qui craindraient d'être incendiés par les troupes auraient intérêt à prier les insurgés de vouloir bien les brûler ! *Proh pudor!* Mais s'il arrivait que les insurgés missent le feu à une maison d'un côté, et que les soldats l'y missent de l'autre, qui aurait raison en ce cas, de la loi de vendémiaire, qui veut qu'il y ait indemnité, ou de M. Ganneron, qui ne le veut pas ?

Son interprète plaint bien sincèrement du reste les victimes innocentes ; mais ce qui le console de leur malheur, c'est l'espérance où il est *que de ce mal peut résulter un bien, c'est-à-dire un peu plus d'énergie et de courage civil dans la classe bourgeoise.*

Ainsi douze ou quinze cents malheureux resteront ruinés pour nous punir, nous bourgeois, d'avoir manqué de cœur ; ils mourront de faim, à moins que le dépôt de mendicité ne leur ouvre ses portes, pour nous apprendre à avoir à l'avenir un peu plus de courage........ Les infortunés auront payé la leçon un peu cher, mais nous en profiterons et deviendrons ainsi *gratis* gens de cœur et de dévoûment ! Quant à ceux qui auront payé la leçon elle leur sera, certes, bien inutile, car je ne vois guère, si on ne répare pas leurs pertes, l'intérêt qu'ils pourront avoir à l'avenir, à montrer de l'énergie et du courage, si ce n'est pour défendre nos propriétés, à nous qui aurons trouvé admirable qu'ils fussent ruinés par l'excellente raison que nous avons manqué de cœur! Je ne pense pas que Lyon accepte la double flétrissure qu'on veut ainsi lui infliger; il ne croit pas avoir besoin de recevoir des leçons d'énergie et de courage civil, et s'il en avait besoin, il ne consentirait pas à les recevoir aux dépens de la portion la plus malheureuse de ses enfans! *Lyon ne veut pas que de leur malheur, résulte un bien pour lui,* et si, contrairement à notre pacte fondamental, contrairement à toutes les lois écrites, à toutes les notions de la loi naturelle, l'état refusait de payer les dégâts qu'il s'est trouvé dans la nécessité de faire, Lyon ne resterait pas sourd aux cris de l'humanité; il a trouvé de l'argent pour indemniser avec raison, le riche pillé en novembre; il en saurait encore trouver pour indemniser le pauvre incendié en avril. Oui, quoi qu'il arrive, j'ose en répondre, les pauvres ménages au moins, seront indemnisés.

Ministres, on vous dit: votre mitraille, c'est la grêle qui ravage un champ; vos bombes, c'est la foudre qui embrase un édifice; Dieu brûle, vous pouvez donc brûler; Dieu n'est pas tenu de relever les ruines qu'il fait, vous n'êtes donc pas tenus de relever les ruines que vous faites; il

échappe à l'action de ses victimes, vous saurez
bien échapper à l'action des vôtres. Mais si Dieu
laisse tomber la grêle qui détruit, il fait tomber
aussi la pluie qui féconde, et la pluie après la grêle,
c'est l'indemnité après le boulet. On voudrait vous
faire ouvrir la main qui tient la foudre, et vous
faire fermer celle qui tient la rosée; à leur compte
vous êtes des dieux, mais des dieux pour détruire:
repoussez bien loin leurs conseils, rejetez le manteau d'inviolabilité divine qu'ils veulent jeter sur
vos épaules, ce manteau serait pour vous la robe
de Déjanire.

LETTRES

SUR

L'ÉMANCIPATION INDUSTRIELLE.

———

Lyon, le 11 novembre 1834.

Dans ce siècle fébrile et nerveux, qu'on dirait méfiant de son existence tant il a hâte d'en jouir, chacun pense à soi et parle pour les autres : jamais on ne s'est plus occupé du bien public et jamais on n'en eut moins de souci ; aussi voyez : il n'est pas une liberté dont on n'abuse au lieu d'en jouir ; pas une question qu'on ne torde pour en exprimer les conséquences les plus extrêmes au lieu de la discuter; pas une mesure qu'on ne calomnie avant de l'avoir examinée ; pas un homme qu'on ne condamne avant de l'avoir entendu. Ce qui nous importe, c'est d'aller vîte, c'est de brûler l'existence, et le moyen le plus sûr, à cet effet, n'est-il pas de commencer par la fin ? c'est aussi ce que nous manquons rarement de faire. Une innovation de haute importance vient d'être introduite dans notre gouvernement; un ministre, tribun royal de sorte nouvelle, demande au pays les élémens d'une loi fondamentale; le premier il renonce au huis-clos administratif; le premier il vient élaborer sur la place publique son projet de réforme commerciale; peut-être que ce ministre a procédé pour son enquête d'une manière peu rationnelle; mais la mesure en elle-même est bonne; il y a progrès évident; encouragez donc, approuvez;... gardons-nous de l'espérer; l'approbation n'est plus de mise; ce mot doit être rayé du dictionnaire politique. Amis et ennemis de se ruer sur le malencontreux ministre; Rouen le menace de ses ouvriers s'il ouvre la barrière, Bordeaux de ses vignerons s'il la tient fermée; on fait plus que de menacer, on insulte, et insulter en France, c'est tuer. On dédaigne un combat qu'on dit mal engagé, on récuse un tribunal près duquel on prétend ne trouver aucune garantie, comme si le conseil supérieur du commerce était ici autre chose que le greffier du grand jury national assemblé par la presse pour juger souverainement la question.

Mais, malgré tout, la vérité s'est fait jour; la pierre est lancée, elle ne s'arrêtera pas avant d'avoir touché le fond de l'abîme, et plus elle éprouvera de chocs dans sa course, plus elle fera jaillir d'étincelles. Oui l'enquête, en dépit des prévisions de l'homme de cœur et de talent qui guide le com-

merce de Bordeaux, a déjà produit des résultats
qui seront immenses; bien que veuve de ce nou-
vel Achille, qui boude dans ses vignes, au lieu de
venir plaider leur émancipation, elle a frappé au
cœur la prohibition; ce système s'en va mourant,
ses défenseurs l'ont tué; il n'en est pas un qui n'ait,
lors de l'enquête, signé son arrêt de mort; en telle
sorte qu'on ne dispute plus, aujourd'hui, que sur le
moment de son exécution. M. Duchâtel peut maintenant disparaître de la scène glissante sur laquelle
se succèdent, avec une rapidité météorique, toutes
ces capacités semestrielles, ambitieuses ou dé-
vouées que la presse jette en pâture à notre soif
incessante de changemens; l'enquête n'en portera pas moins ses fruits; le bien qu'elle a fait
restera, car l'esprit humain ne rétrograde pas; et
pourtant les deux partis ont, en cette circonstance,
manqué l'un comme l'autre d'habileté; celui-ci en
parlant, l'autre en gardant le silence: la liberté
commerciale eût été belle à défendre, la prohibition bonne à taire. La chambre de commerce de
Lyon est la seule peut-être, jusqu'à ce jour, qui ait
su présenter dans un langage ferme mais convenable, la question sous son véritable aspect; c'est
ce qui doit faire regretter qu'elle n'ait pas jugé à
propos de fournir un défenseur à la cause de la liberté, en déléguant l'un de ses membres près du
conseil supérieur du commerce. Là il eût été facile
de faire comprendre au conseil l'inconséquence

et l'irrationalité de la marche imprimée à l'enquête ; là il eût été facile de réformer en partie cette marche par des réponses conditionnelles, c'est-à-dire, en faisant connaître que les tissus étrangers devaient être admis sans doute, mais à la condition expresse de la libre entrée des matières premières. Là, notre délégué aurait pu de la même manière faire reparaître dans l'enquête les questions-mères qu'on en a si mal à propos écartées, et ramener celle des fers, par exemple, en établissant que l'industrie française ne peut et ne doit être appelée à soutenir la concurrence étrangère, qu'à la condition de la libre introduction des fers nécessaires à ses machines, des céréales et autres objets de consommation nécessaires à l'abaissement de la main-d'œuvre, etc., etc. De cette façon, un délégué habile, comme il est si facile à notre chambre de commerce d'en fournir, aurait aisément pu réparer les erreurs du ministre, ou déjouer son mauvais vouloir, si mauvais vouloir il y a, ce que, pour ma part je ne pense pas.

Quant à moi, personnellement étranger aux spécialités commerciales, j'aborderai cette haute question sous ses aspects généraux ; je m'occuperai de la prohibition en elle-même et de ses effets, je parlerai ensuite du système *protecteur* qu'on paraît vouloir lui substituer, et je finirai par examiner s'il ne serait pas possible d'arriver sans transition à la liberté commerciale, complément indispensable des libertés civile, politique et religieuse; liberté sans laquelle un peuple ne peut pas se dire libre, sans laquelle surtout il ne saurait être heureux. En effet, la liberté commerciale est, à vrai dire, la liberté pratique, la liberté productive, la liberté du pauvre, c'est celle qui, en facilitant la production, facilite en même temps la consommation, et tend ainsi à satisfaire les besoins des masses, à augmenter leur bien-être et à améliorer par là, leur sort et leur condition.

Lyon, le 21 novembre 1834.

Il n'est pas un abus, s'il faut en croire ceux qui
l'exploitent, qui ne soit le plus sacré de tous les
droits; aussi tout ce qui tend à le déraciner est-il
signalé à l'indignation des trembleurs et des *statu-
quoistes*, sous le nom convenu de *théories décevan-
tes*. Faites valoir contr'eux les plus hautes consi-
dérations de la morale et de l'humanité, tout cela
n'est qu'une ridicule *sensiblerie* et de vaines décla-
mations; attaquez-les avec l'arme de la raison,
vous êtes des utopistes sans expérience qui rédui-
sez en calculs de cabinet, des combinaisons échap-
pant à tous les calculs! C'était aussi une théorie
décevante, au dire des marchands de noirs, que
l'abolition de la traite; c'était aussi une théorie
décevante, au dire de l'aristocratie féodale, que le
grand nivèlement opéré dans la nuit, à jamais
mémorable, du 4 août 1789; ce doit donc être une
théorie décevante, au dire des privilégiés, que l'é-
mancipation de l'industrie. Mais ce système de
défense a cessé de nous en imposer; la traite a
été abolie, elle n'est plus qu'un crime rare et in-
fâme auquel je ne sais aucun nom dans aucune
langue, et pourtant les denrées coloniales n'ont
jamais été plus abondantes et à un prix moins éle-
vé. La féodalité est tombée, et je ne sache pas que

personne la regrette, moins, peut-être, ceux qui
en profitaient ; la prohibition tombera à son tour ;
son heure a sonné de l'instant où la vérité l'a
saisie au corps. Le propre des abus, c'est de ne
pouvoir résister au grand jour, il suffit de les dé-
masquer pour les tuer ; ils ressemblent à ces corps
qu'on trouve enfouis sous terre dans un état par-
fait de conservation et qui ne peuvent voir le
jour sans tomber en poussière. Ils résistent au
temps, ils ne résistent pas à la lumière.

Pour soutenir la prohibition, il faudrait établir
qu'elle est une nécessité pour ceux qui la subis-
sent, ou un droit pour ceux qui en profitent ; or,
je n'ai rien vu jusqu'à présent qui fût de nature à
prouver l'un ou l'autre. Les prohibitionistes n'ont
produit aucune charte, aucune convention qui
leur assurassent le droit de nous imposer leurs
produits *sous peine de confiscation, d'amende et
de prison.* Autrefois le paysan était tenu de faire
cuire son pain au four du seigneur , de faire pres-
ser son vin à son pressoir ; c'était un privilége
odieux, il devait être aboli, il l'a été. Aujourd'hui
le paysan est forcé de demander à nos maîtres de
forges le fer de sa bêche ou de sa charrue; de se
vêtir du drap de nos manufacturiers, bien que le
tout lui soit vendu de 40 à 50 p. 100 au-dessus du
prix auquel il pourrait obtenir ces objets, si l'importation n'en était prohibée, ce qui veut dire qu'il
ne lui est permis de se vêtir ou de labourer son

champ qu'à charge par lui de payer, à titre d'im-
pôt, à nos hauts barons de l'industrie, 40 ou
50 p. 100 de la valeur des objets qui lui sont indis-
pensables. Cette dîme, pour être plus ruineuse
que la dîme d'autrefois, en est-elle moins odieu-
se? non, sans doute; elle doit donc avoir le même
sort, elle doit être abolie, elle le sera. Elle le sera, parce que le privilége de tous, c'est que personne ne soit privilégié. La première condition
d'une loi, c'est de satisfaire à la majorité des intérêts, car les hommes ne se pèsent plus, ils se comp-
tent. Le ministère ne saurait donc hésiter à condamner un système en contre-sens complet avec
les principes de notre gouvernement qui est es-
sentiellement un gouvernement de majorité; il ne
saurait lui être permis de *faire du sentiment*, si
j'ose m'exprimer ainsi, au profit de telle ou telle
industrie, ou de tels ou tels producteurs, en les
laissant jouir d'un privilége nuisible au pays. Qu'il
cherche à concilier les intérêts qui sont concilia-
bles, non-seulement il le peut, mais il le doit;
mais est-ce concilier les intérêts que de favoriser
les uns au détriment des autres? A cela on m'ob-
jecte que tout s'enchaîne dans le système prohibitif; on me dit que si, d'un côté, la prohibition nuit
au cultivateur, par exemple, de l'autre elle favo-
rise ses intérêts en soutenant ses produits à des
prix plus élevés. Mais si tout s'enchaîne dans la
prohibition, tout ne s'enchaîne-t-il pas aussi sous

le régime de la liberté industrielle et commerciale! Qu'importe au cultivateur une baisse sur ses
produits, si leur *revient net* baisse dans la même
proportion, et il en arrivera nécessairement, au
moins ainsi, lorsque tout ce qui sert à sa production, aura diminué de valeur; lorsque les chemins
de fer, en dégrevant ses produits des frais de trans-
port qui les écrasent, lui auront ouvert de nou-
veaux débouchés; lorsque la diminution du prix
des objets de consommation, aura amené la diminution de la main-d'œuvre, toujours et nécessairement calculée sur la valeur de ces objets! Il en résultera seulement une chose, c'est que la production étant plus économique et plus considérable,
la consommation sera plus grande, et on ne con-
testera pas, je pense, que ce résultat ne soit tout
en faveur de l'humanité. Ceux-là seuls auxquels le
système actuel profite souffriront de son abolition; l'allégresse générale que doit faire naître l'a-
néantissement de la prohibition, ne jettera guère le
deuil que parmi les brasseurs en Angleterre, les
maîtres de forges et les propriétaires de houille en
France; car ce sont les seuls, à vrai dire, qui s'a-
vouent franchement prohibitionistes. Les tisseurs,
les manufacturiers, les fileurs, presque tous les
véritables industriels enfin, n'invoquent la prohibition en leur faveur, que pour le cas où on la laisserait exister à leur préjudice; mais rendez-leur le
droit de s'approvisionner librement de houille,

de fers, de matières premières, et ils vous feront
bon marché de la prohibition. Ecoutez, à ce sujet,
un de leurs plus honorables organes : « Je suis
jeune, a-t-il dit, lors de son interrogatoire par le
conseil supérieur du commerce ; j'ai quelqu'acti-
tivité, du courage, qu'on me mette à même de combattre à armes égales, et je suis prêt à engager la
lutte. » Voilà un langage digne d'un homme, voilà un homme digne de la France. Loin de nous
donc ce monopole étroit qui nous retient dans un
état d'infériorité humiliante vis-à-vis de nos voisins, et tend à tarir chez nous les sources de la
prospérité publique. J'ai la conviction que l'industrie elle-même, mieux éclairée sur ses interêts véritables, plus confiante dans ses forces, repous-
sera avec un juste orgueil la dégradante protection
qu'on mendie hautement pour elle. Les progrès
immenses que lui a fait faire, en si peu d'années,
notre génie national, malgré les entraves de la
prohibition, sont le présage certain des progrès
qu'elle est appelée à faire lorsqu'il lui sera permis
de lutter à armes égales, avec nos rivaux ; si elle
est encore en arrière sur quelques points, qu'on
n'oublie pas qu'elle n'est entrée dans la lice, que
long-temps après eux, et qu'elle a été privée par
la prohibition, des moyens si puissans dont ils dis-
posaient.

L'erreur des partisans de la prohibition se ré-
duit à une erreur de date, je l'ai comprise comme

complément, comme moyen du système continental; la guerre de marchandises était la conséquence forcée de la guerre d'hommes; on se ré-
signe à tout, (car il y a rarement profit à nuire) en
vue du mal qu'on fait à son ennemi; mais aujour-
d'hui la prohibition n'est plus qu'une absurdité,
c'est le *caput mortuum*, la mauvaise queue du système continental; elle aurait dû mourir avec lui.
La liberté industrielle est aussi nécessaire à la paix
générale, que la prohibition était indispensable à
la guerre universelle; le régime d'une ville blo-
quée cesse de lui convenir lorsqu'elle est en paix
avec ses voisins; deux peuples ne sont pas parfai-
tement amis qui sont séparés par une ligne de
douanes; la prohibition a quelque chose d'hostile;
si elle n'est pas la guerre, elle y mène; si les doua-
niers ne sont pas des combattans, ce sont encore
moins des amis; éloignez ces eunuques de l'industrie, et vous aurez fait beaucoup pour assurer
le maintien de la pacification générale. L'intérêt
est presque toujours la cause des guerres que se
font les peuples; une fusion bien entendue de tous
les intérêts est donc le moyen le plus certain de
faire mourir cette atroce et stupide coutume, ces
duels de géans, où les hommes qui s'égorgent,
n'ont pas même le prétexte souvent trop futile, qui
détermine et explique nos combats singuliers si
hautement, pourtant, réprouvés par la morale et
la raison.

Il me reste à parler du système protecteur et des conséquences probables de la révolution commerciale vers laquelle nous marchons, ce qui me fournira l'occasion toute naturelle d'examiner si les craintes manifestées sur le sort de l'industrie française sont fondées; ce sera le sujet d'une autre lettre.

Lyon , le 29 novembre 1834.

J'ai établi que la prohibition était *en principe*
une institution aussi funeste à la prospérité d'un
pays que contraire aux droits d'un peuple libre.
J'ai dit que, comme tous les priviléges, elle a le
tort de favoriser les intérêts de quelques-uns au
détriment de tous; j'ai fait remarquer que ses
plus chauds partisans, tout en la condamnant
comme principe, se bornent à en réclamer le
maintien pour quelque temps encore; mais seulement à cause de l'ébranlement que, suivant eux,
sa chute occasionnerait. Les uns donc voudraient
que toute modification à notre système fût ajour-
née pour quelques années, d'autres désireraient
voir subsistuer le régime de protection, au régime
prohibitif. Le gouvernement paraît incliner vers
ce dernier parti; je le regrette, car, suivant moi,
ce serait le plus funeste. On dit qu'une mauvaise
transaction est préférable au meilleur procès;
ceci peut être vrai dans les affaires privées, mais
il en est autrement en économie politique : transiger avec les principes, c'est les tuer, parce qu'ils
sont absolus; pactiser avec les abus, c'est les éter-
niser, parce qu'ils sont souples et élastiques.
Quand un privilége a un nom qui est usé, si vous

lui en donnez un autre qui ne l'est pas, vous le ra-
jeunissez; à un drapeau décrié et avili qui ne pouvait plus tromper personne, vous substituez un
drapeau nouveau qui fera des dupes nouvelles ;
c'est ce qui ne manquera pas d'arriver si, au lieu
de renverser la prohibition, on se borne à la rem-
placer par des droits protecteurs. La protection,
en effet, si elle n'est pas efficace n'est rien ; si
elle l'est, c'est la prohibition moins son nom qui
est odieux et qu'il faut lui laisser. La prohibition
a au moins le mérite d'assurer à toutes les industries, le même privilége ; c'est un mur que personne
ne franchit ; la protection, au contraire, est une
barrière que l'intrigue et la faveur se font ouvrir à
volonté ; elle est, à vrai dire, l'arbitraire dans
l'arbitraire. Puis comme il est impossible d'arriver
à une balance exacte, chaque industrie se dira
lésée, réclamera pour elle, récriminera contre les
autres, souvent avec raison ; on trouvera les droits
à l'importation des matières premières trop élevés, ceux à l'importation des produits ouvrés trop
bas ; et s'il arrive qu'un changement notable dans
les procédés de fabrication soit introduit, qu'une
machine nouvelle soit inventée, vos droits protecteurs ne protégeront plus, votre équilibre sera
rompu, et votre échafaudage de chiffres renversé.
De cette façon vous aurez une porte qui ne sera
ni ouverte ni fermée ; votre code commercial se
trouvera assis sur une alternative qui n'existe pas ;

sur le troisième membre d'un dilemme qui n'en a
que deux; ce sera un quasi, un à peu près,
une espèce de juste milieu entre deux systèmes
qui n'en ont point. Le provisoire qui tue l'indus-
drie, sera chargé de présider à ses destinées; vous
lui donnez pour avenir, une année; pour charte,
un tarif; pour juge, les chambres: or, une année
lui suffirait à peine pour naître, le tarif est
mis en question à chaque législature, et les
chambres se composent de membres presque tous
nécessairement intéressés ou étrangers à la question.

Voyez au contraire ce qui arriverait de la liberté
commerciale : dans cet état durable de sa nature,
parce qu'il est normal, l'industrie qui ne verra
devant elle ni barrières ni entraves, prendra ses
positions et pourra les garder; elle ne bâtira plus
sur le terrein mouvant de la tolérance et du privilége, mais sur le sol toujours ferme de la liberté;
chaque pays laissant aux autres ce que leur apti-
tude, leur sol, leur situation, les met à même de
produire avec le plus d'avantages, portera tous
ses soins, tous ses capitaux, toute son industrie,
tout son génie sur les objets qu'il sera à même de
produire, avec une plus grande supériorité.

Les limites qui séparent les états sont arti-
ficielles et de convention : elles ont changé et
changeront encore bien souvent, sans doute. Tout
système qui repose sur une telle base, se trouve

donc en contre-sens avec les lois de la nature. En effet, elle a, dans un but évident de sociabilité et de civilisation, doté les différens pays, des différens moyens de production, afin de les placer ainsi, dans l'heureuse nécessité de créer et d'entretenir, par des échanges réciproques, des rapports qui lient le monde sous son aspect moral et philosophique. La société n'aura donc atteint toute la somme de bien-être qui lui est réservée, que lorsque chaque pays appliquant toute la capacité dont il est pourvu, à mettre en œuvre les matériaux que la Providence à placés sous sa main, aura de cette façon, contribué au plus grand accroissement possible de la richesse générale. Il arrivera nécessairement alors ce qui arrive dans une ville où chacun exerçant une industrie spéciale, obtient de cette façon, pour son bien-être, le concours de toutes les industries, en prêtant à tous, le secours de la sienne. Que dirait-on d'une ville, au contraire, ou le tailleur ferait ses souliers, le forgeron son habit, le cordonnier son chapeau, et où, de cette façon, chacun se ruinant dans la crainte d'enrichir son voisin, se trouverait, mal vêtu, mal coiffé, mal chaussé, après s'être donné plus de peine et avoir perdu plus de temps qu'il n'en eût fallu à chacun d'eux, pour se vêtir, se chausser et se coiffer le plus commodément du monde, s'ils se fussent prêté le secours de leurs capacités réciproques ! Or, je le de-

mande, quelle différence y a-t-il entre cette ville
et un pays, par exemple, dont le sol ne recélerait
qu'un minerai pauvre, qui n'aurait ni forêts suf-
fisantes, ni houille convenable à ses fournaux, et
qui, au lieu d'appliquer toute son industrie, tous
ses bras à faire du vin, de l'huile ou de la soie,
s'obstinerait à produire du fer, au lieu de le demander à ses voisins mieux placés que lui pour
le faire; moins bien pour cultiver la vigne, le
mûrier ou l'olivier; ce pays ne ressemblerait-il
pas à la ville dont je viens de parler?

L'industrie, rien n'autorise donc à en douter,
saurait aussi bien se niveler sur la terre qu'elle a
su se niveler dans les limites de chaque pays; là
elle n'est protégée par aucun droit, par aucune
prohibition, et cependant chaque ville, chaque
privince a compris qu'il était dans son intérêt de
se renfermer dans sa spécialité industrielle, en
laissant aux autres ce qu'elles sont à même de faire
mieux qu'elle. Or, je le demande, pourquoi les
choses ne se passeraient-elles pas de nation à nation, comme elles se passent de ville à ville?

Si, poussé par un vent propice, caché par un
brouillard protecteur, Napoléon monté sur ses
bateaux plats, avait pu jeter sur les côtes d'Angleterre quelques-uns de ses bataillons de Marengo
ou des Piramides; s'il en eût fait la conquête; s'il
y eût mis ses préfets; si ces deux pays réunis s'ap-
pelaient aujourd'hui la France, et avaient consé-

quemment cessé d'être séparés par une ligne de douanes; pensez-vous qu'ils n'eussent pas pu combiner leur industrie mutuelle; utiliser également leurs bras; mettre en œuvre leurs richesses territoriales et industrielles. Croyez-vous que Lyon eût tué Liverpool, Londres Paris, ou Rouen Manchester! Non, chaque industrie se serait localisée pour sa plus grande prospérité; chaque ville, chaque province aurait épousé une spécialité industrielle, et les choses se passant dans la France agrandie, comme elles se sont passées dans la France actuelle, nous aurions obtenu de notre industrie réciproque, ce qu'elle n'a pu produire sous les entraves de la prohibition, et nos grandes industries nationales, comme celle dont s'énorgueillit notre ville, ne se seraient pas vu étouffées dans le cercle étroit tracé par nos Popilius modernes, autour de quelques industries parasites, couardes ou paresseuses.

Lyon, le 30 novembre 1834.

J'arrive maintenant à une objection qui, bien que souvent répétée, ne m'a jamais semblé sérieuse. On parle de non réciprocité; on demande ce qui arriverait si l'étranger, admis à alimenter nos marchés, fermait les siens à nos produits. Je réponds que l'étranger ayant les mêmes motifs pour condamner un système qui lui nuit comme à nous, il est probable qu'il suivra notre exemple; je réponds qu'il n'est pas raisonnable de craindre que nos voisins nous ferment leurs portes, au moment où nous leur ouvrons les nôtres. Les besoins et les appétits de l'espèce humaine ne sont-ils pas partout les mêmes; et la satisfaction de ces besoins, de ces appétits, n'est-elle pas la loi invariable et nécessaire de notre globe; n'est ce pas à cette fin que chacun tend, vers ce but que tout gravite? Or, de quel droit supposerions-nous nos voisins assez insensés, assez ennemis d'eux-mêmes, pour s'imposer volontairement la privation des produits de notre sol et de notre industrie, au moment même, où il leur deviendrait plus facile de les obtenir, en échange des leurs! Dans quel but donc, et pour quel intérêt agiraient ils ainsi! Serait-ce afin de s'emparer de notre numé-

raire en échange de leurs richesses industrielles
et territoriales ! mais cet échange serait tout à leur
préjudice. L'erreur de beaucoup de gens consiste en ce point, qu'ils considèrent l'argent comme la richesse d'un pays, tandis qu'il n'en est
que l'ombre ou le signe. Le chiffre de ce signe
n'importe qu'à raison des relations des peuples
entre eux, et comme fournissant aux uns, le moyen
de se procurer les produits du sol ou de l'industrie des autres. Ces relations exceptées, la somme
de ce chiffre est complettement indifférente en
elle-même; car quelle quelle soit, toujours est-il
qu'elle ne peut représenter que la richesse réelle.
Aussi dès que le signe représentatif augmente, sa
valeur se déprécie dans la même mesure, ce qui
revient au même. Peu importe à une nation qu'un
hectare de son sol soit représenté par mille ou dix
mille francs, ce qui lui importe c'est que ce sol
produise le plus possible, et à ce sujet la valeur
qu'on y attache est complettement indifférente.
L'argent n'est qu'un moyen de faciliter les échanges, il n'est rien si on ne l'emploie pas à cette fin. Si
la terre entière ne formait qu'une seule nation, il
serait indifférent qu'il y eût dix fois plus, ou dix
fois moins de numéraire en circulation; car, l'un
ou l'autre cas arrivant, comme ce numéraire ne
pourrait toujours représenter que ce qui existe, il
acquérerait ou perdrait une valeur correspondante
à sa diminution ou à son augmentation, et

tout l'or enfoui dans les entrailles de la terre, n'augmenterait pas d'un atome la richesse générale, si ce n'est comme métal de luxe, comme objet lui-même de consommation. Un peuple qui se dépouillerait de ses produits, c'est-à-dire de sa richesse pour thésauriser, ferait donc un acte de démence, et une objection basée sur cette supposition n'avait pas le droit d'être combattue. Je veux pourtant admettre, pour un moment, que nos voisins s'amusent à nous faire cette *niche*, (qu'on me passe ce terme vulgaire, car je n'en connais point d'autre qui puisse qualifier aussi convenablement le calcul qu'on veut bien prêter à nos rivaux en industrie) qu'en arrivera-t-il ? c'est que l'étranger s'interdirait de cette façon les moyens de verser ses produits sur nos marchés, ce qu'il est absurde de supposer, puisque, suivant nos adversaires, c'est là le seul but de ses efforts; et pourtant comment pourrait-il en arriver autrement si, après avoir absorbé notre numéraire en circulation, il ne voulait pas prendre nos produits en échange ? Quant à nous, notre signe représentatif ayant diminué, acquérerait comme je l'ai dit, une plus-value équivalente, ce qui reviendrait au même, et nous aurions en plus, les produits dont nos voisins nous auraient enrichis, contre un signe sans valeur pour eux, s'ils ne s'en servaient pour nous demander en échange, et à leur tour, nos produits.

Une autre objection se présente et elle est fort

sérieuse, celle-là, puisqu'il s'agit du sort des myriades d'ouvriers que notre industrie emploie et qu'une crise commerciale laisserait sans travail; or nos adversaires soutiennent que la levée de la prohibition amènerait nécessairement cette crise. Ces craintes injurieuses pour notre industrie me paraissent, je l'avoue, très-peu fondées. Si nos marchés sont approvisionnés par nos voisins, en concurrence avec nous, leurs marchés en échange nous seront ouverts, et nous fourniront aussi d'utiles débouchés; si la balance n'est pas en notre faveur, et qu'il en résulte pour nos voisins, un écoulement plus considérable, il en résultera aussi une hausse dans leurs produits. D'un autre côté, l'importation des machines, des fers, des matières premières, des céréales nous mettra à même de diminuer nos frais de fabrication, et nous parviendrons bientôt ainsi à nous niveler ou à peu près. Nous aurons toujours en outre, pour auxiliaire, notre juste réputation de bon goût, qui est telle que les produits de notre industrie sont recherchés partout avec empressement. La mode a pris la France sous sa protection particulière; cette divinité capricieuse est toujours vêtue à la française; c'est à l'habileté de nos industriels, à l'imagination de nos artistes, qu'elle emprunte les séductions qui perpétuent son mobile empire, et en font la reine du monde. Quelques industries à contre-sens pourront souffrir, périr peut-être,

mais les industries vraiment nationales acquer-
ront en échange une prospérité inconnue jusqu'à
ce jour. Elles auront bientôt réclamé le secours
des bras que la prohibition aurait rendus oisifs.
L'agriculture, de son côté, manque d'hommes.
Cette science encore dans l'enfance, attend un
régime qui lui rende son importance et sa di-
gnité, et si l'industrie aidée de ses machines,
lui renvoyait quelques-uns des hommes qu'elle
lui a pris, la morale et l'humanité y gagneraient
également. On ne saurait nier, en effet, que nos
campagnes ne recèlent une somme relative de
bien-être beaucoup plus grande que les villes,
ces grands centres de corruption, cet écueil presque certain de la morale et du bonheur.

Au surplus, nous avons déjà vu beaucoup de
crises commerciales ; quelques-unes ont été af-
freuses, celles de 1814 et 1815, par exemple, et
pourtant les travailleurs déclassés ont bien fini
par se caser; nul bras valide n'est resté forcément
inactif, nulle vie oisive ; pourquoi n'en serait-il
pas de même, de la crise que nos adversaires
redoutent, si tant est qu'elle doive arriver ?

L'industrie elle, n'y regarde pas de si près, je
vous assure ; elle ne s'enquiert pas, lorsqu'elle
s'empare d'une position, d'un nouveau procédé,
si elle jettera parmi les travailleurs, une pertur-
bation plus ou moins grande. L'application de la
vapeur à la navigation a neutralisé une foule de

bras, elle a anéanti un nombre considérable de professions ; il en est résulté quelques ruines particulières, mais un grand bien général : il en sera de même de la liberté commerciale ; si elle fait un peu de mal, elle fera beaucoup de bien, et il n'est pas d'institution humaine tant parfaite soit-elle, qui ne présente quelques inconvéniens.

Une dernière considération milite en faveur de l'abolition du système prohibitif et de l'exclusion du système de protection. Je veux parler de la contrebande qui, avec notre régime de douanes, est devenue une véritable *profession* ; régime monstrueux, qui fait, de la fraude, une nécessité ; du crime, un auxiliaire presque indispensable de l'industrie ; qui habitue des populations entières au mépris des lois, et tend à confondre dans leur esprit, toutes les notions du juste et de l'injuste ! J'ai entendu d'habiles orateurs déverser, avec une légitime indignation, le blâme le plus amer sur la loterie..... Et qu'est cependant cette institution, comparée à celle qui a enfanté la contrebande ! Il y a entre la loterie et la contrebande la différence qui existe entre le jeu et le vol ! Si l'une tombe, ce ne devrait pas être la loterie. Mais elles tomberont l'une et l'autre, au grand applaudissement de tout ce qu'il y a de moral et d'éclairé sur la terre ; j'en ai la conviction, parce qu'il n'y a de véritablement durable que ce qui est juste et vrai.

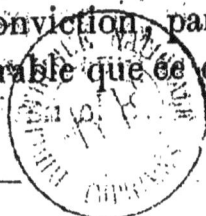

www.ingramcontent.com/pod-product-compliance
Lightning Source LLC
Chambersburg PA
CBHW071008280326
41934CB00009B/2221